Einfach die Welt verändern

Zu diesem Buch

Viele Menschen stellen sich irgendwann im Leben die Frage: Soll das alles sein? Sie wollen nicht nur Geld verdienen, sondern etwas bewirken in der Welt. So ging es auch Eugénie Harvey. 2002 gab sie ihren gut bezahlten Job in der PR-Branche auf und entwickelte in den folgenden Monaten gemeinsam mit anderen das Buch Einfach die Welt verändern – sie traf damit Hunderttausende ins Herz, die ähnlich fühlen. Das Buch vermittelt fünfzig einfache Ideen, die einen positiven Effekt auf unsere Umwelt, unsere Mitmenschen, unsere Nachbarschaft sowie auf unsere Gesundheit und Zufriedenheit haben. Witzig und unideologisch werden sie präsentiert. Jede Aktion wird auf einer individuell gestalteten Doppelseite vorgestellt. Alle, die an der Gestaltung dieses Buches mitgewirkt haben, vom Cartoonisten bis zur Texterin, haben dies unentgeltlich getan und ihre Kreativität in den Dienst der Idee gestellt: Wir sind, was wir tun.

Einfach die Welt verändern

50 kleine Ideen mit großer Wirkung

In Großbritannien gestaltet von Antidote.
Kreatives Team: Tim Ashton, Steve Henry, Ken Hoggins, Chris O'Shea, Chris Wigan, David Robinson, Eugénie Harvey und Paul Twivy.
In Deutschland gestaltet von SCHOLZ & FRIENDS Berlin.
Kreatives Team: Anja Dethloff, Melanie Fischbach, Mario Gamper, Anje Jager, Carolin Kräntzer, Wibke Reckzeh, Michael Winterhagen und Tom Zeller.

PIPER
München Berlin Zürich

Mehr über unsere Autoren und Bücher:
www.piper.de

MIX
Papier aus verantwortungsvollen Quellen
FSC® C083411
www.fsc.org

Ungekürzte Taschenbuchausgabe
1. Auflage November 2012
3. Auflage Juni 2016

Titel der englischen Originalausgabe:
»Change the World for a Fiver«, Short Books Ltd,
London 2004

erschienen im Verlagsprogramm Pendo
Umschlaggestaltung: semper smile, München nach einem Entwurf
von SCHOLZ & FRIENDS Berlin
Umschlagillustration: Carolin Kräntzer von SCHOLZ & FRIENDS Berlin
Satz: Kösel Media GmbH, Krugzell unter Bearbeitung der Vorlage von
Niki Bowers, Andrej Löbel und SCHOLZ & FRIENDS Berlin
Gesetzt aus der Clarendon
Druck und Bindung: CPI books GmbH, Leck
Printed in Germany 978-3-492-30178-7

community links

we are what we do

We Are What We Do ist kein Wohltätigkeitsverein. Es ist keine Institution. Es ist vielmehr eine neue Bewegung – eine Bewegung mit klarem Standpunkt. Wir versuchen nicht, Spenden zu sammeln. Wir versuchen, die Kraft und Reichweite kleiner Veränderungen in unserer Einstellung und unserem täglichen Leben aufzuzeigen.

Lokales Handeln und globales Denken sind Grundlage der Bewegung We Are What We Do und bestimmen unser Tun. Das Ziel ist, Menschen dazu zu inspirieren, mit ihren täglichen, einfachen Handlungen die Welt zu verändern.

»Einfach die Welt verändern – 50 kleine Ideen mit großer Wirkung« basiert auf dem Erfolg des englischen Bestsellers »Change the World for a Fiver«, der von We Are What We Do initiiert und produziert wurde. Seit dessen Erscheinen ist die Bewegung ständig gewachsen. Sie hat inzwischen Ausläufer von Norwegen bis Argentinien, von Spanien bis Australien.

In Deutschland hat We Are What We Do zur Produktion von »Einfach die Welt verändern – 50 kleine Ideen mit großer Wirkung« mit SCHOLZ & FRIENDS Berlin und dem Pendo Verlag zusammengearbeitet.

Alle, die zu diesem Buch beigetragen haben, taten dies ohne Bezahlung. Das bedeutet für dich, dass der Wert des Buches zwei-, drei- oder sogar viermal so hoch ist wie der von dir bezahlte Kaufpreis. Das durch den Verkauf eingenommene Geld dient zunächst der Deckung der Produktionskosten.

Sollten wir mehr als die Produktionskosten einnehmen, dienen die Einnahmen weiteren We-Are-What-We-Do-Projekten.

Für Informationen zu We Are What We Do besuch einfach www.wearewhatwedo.org.

Wir leben in merkwürdigen Zeiten. Es gibt mehr Möglichkeiten, miteinander zu kommunizieren, als je zuvor, und doch leben immer mehr Menschen allein. Wir wollen einer Gemeinschaft angehören, aber unsere Städte verwandeln sich in Schauplätze großer Einsamkeit.

Wir kaufen Dinge – viel zu viele Dinge – und geben immer mehr Geld aus, aber glücklicher werden wir dennoch nicht.

Die Reichen werden reicher, aber erschreckend viele Menschen leben auch bei uns unter der Armutsgrenze. Und nicht wenige erfahren andere Formen der Armut. Die meisten von uns haben das Gefühl, dass etwas Wichtiges in ihrem Leben fehlt.

Die Mitgliederzahlen der politischen Parteien sinken stetig. Trotzdem finden in Europa die größten jemals gesehenen Demonstrationen zur Veränderung der politischen Verhältnisse statt. Menschen demonstrieren in unglaublicher Zahl gegen Sozialabbau, gegen Arbeitslosigkeit, gegen den Krieg im Irak und für Menschenrechte.

Wir fühlen die Fehler der Gesellschaft tief in uns und wollen unbedingt etwas tun. Doch was?

Mahatma Gandhi sagte einst: »Sei die Veränderung, die du dir für diese Welt wünschst.« Mit anderen Worten: Wir sind, was wir tun. We Are What We Do.

Warum aber ist das so schwer?

Vielleicht ist es einfach die schiere Masse an Problemen, die uns lähmt. Wir wissen nicht, wo wir anfangen sollen. Dies führt dazu, dass wir die Politik und große Konzerne allein für Veränderungen verantwortlich machen, obwohl wir doch wissen, dass wir es sind, die Regierungen wählen und mit unseren Ausgaben Konzerne groß machen.

Und die Frage ist sicher nicht, ob wir alleine handeln sollen, sondern vielmehr, wie wir gemeinsam etwas zum Besseren bewegen können.

Wir laden dich ein, Teil dieser neuen Bewegung zu sein – einer Gemeinschaft, nicht von Mitläufern, sondern von unabhängig Handelnden, die das gleiche Ziel haben und Fragen beantworten, die wir alle beantwortet haben wollen.

Wer wir sind? We Are What We Do. Wir sind, was wir tun.

Wie dieses Buch zu lesen ist

Auf den nächsten Seiten findest du einfache, alltägliche Dinge, die jeder und jede von uns machen kann. Wenn du dieses Buch liest, stehen die Chancen nicht schlecht, dass du oder jemand aus deinem Bekanntenkreis bereits Erfahrung mit einer der Aktionen hat (z.B. AKTION 25: RECYCLE DEINE BÜCHER oder AKTION 47: VERSCHENK DIESES BUCH) und ihr schon auf dem richtigen Weg seid.

Jede Seite hat rechts einen Index-Streifen. So weißt du gleich, welche Aktion du auf der Seite findest.

Einige Seiten nehmen Bezug auf Organisationen, die dir bei der Umsetzung der Aktionen behilflich sind – nehmen wir als Beispiel AKTION 26: SPENDE BLUT. Dort findest du die Internetadressen des Roten Kreuzes.

In AKTION 49: TU MEHR, LERN ETWAS NEUES haben wir zudem weiterführende Internetseiten gesammelt, um dir die Möglichkeit zu geben, über dieses Buch hinaus aktiv zu werden. Wir wollen nicht behaupten, dass die Liste der Aktionen und Internetseiten vollständig ist – sie ist ein Anfang.

500 Jahre shoppen
Plastiktüten. Sie sehen toll aus. Sie sind umsonst. Und im Durchschnitt benutzt bei uns jeder so um die 65 im Jahr.
Nicht viel? Allein in Deutschland sind das 5,3 Milliarden Tüten jährlich. Und jede braucht bis zu 500 Jahre, um auf einer Deponie zu verrotten.
Die Alternative?
Deine eigene Einkaufstasche. Sie muss ja nicht aus Jute sein. Im Gegenteil. Mit der eigenen Tasche befindest du dich in guter Gesellschaft. In Paris ist sie schon très chic.

VERZICHTE AUF PLASTIKTÜTEN, SOOFT ES GEHT

AKTION 01

Illustration: Sholto Walker / illustrationweb.com

Wenn Kinder nicht lockerlassen, bis du ihnen eine Geschichte vorliest, dann liegt das daran, dass sie mehr wissen als du: Sie wissen, dass ihr euch beide großartig fühlen werdet.

LIES EINEM KIND EINE GESCHICHTE VOR

AKTION 02

Foto: Kevin Anthony Horgan / Getty Images

Eine Lampe geht an und allen ein Licht auf

Eine Energiesparlampe ist erst mal teuer.
Aber über ihre gesamte Lebensdauer spart sie dir über 50 Euro. Und damit rettet sie neben deiner Stromrechnung auch noch einiges andere. Deinen Heimatplaneten zum Beispiel.

Erste Hilfe
ist ein Kinderspiel

In nur 2 Stunden kannst du lernen, Leben zu retten.

Was sonst kostet so wenig Zeit und hat so eine große Wirkung?

Eine Doppelfolge Sex and the City?

Jemandem das Leben zu retten ist jedenfalls cool. Vielleicht das Coolste überhaupt. Und ganz nebenbei: Die Person, der du helfen wirst, ist mit hoher statistischer Wahrscheinlichkeit jemand, den du kennst.

Eine Freundin oder ein Verwandter.

Stell dir das mal vor: Du rettest das Leben deines besten Freundes.

Foto: Melanie Fischbach / Wibke Reckzeh von SCHOLZ & FRIENDS Berlin

Für ein Lächeln
brauchst du nur halb
so viele Muskeln wie
für ein Stirnrunzeln.

Und außerdem
macht es doppelt so
viel Spaß – dir und
den anderen.

Illustration: Andrew Selby / illustrationweb.com

Ein Bus bringt ebenso viele Leute an ihr Ziel wie 40 Autos.
Und er fährt sowieso dorthin.

Foto: Getty Images

Bäume sind toll. Aus Zeug, das wir nicht brauchen können (Kohlendioxid), machen sie Zeug, ohne das wir nicht leben können (Sauerstoff).

Anders als wir Menschen. Aus Dingen, ohne die wir nicht leben können (z.B. Bäume), machen wir Dinge, die wir nicht brauchen können (z.B. Pappteller).

Stell dir vor, wir vernichten jede Minute weltweit 33 Fußballfelder von diesen außergewöhnlichen Dingern. Mehr als es Champions-League-Mannschaften gibt.

Du kannst aber etwas dagegen tun. Und dazu musst du nicht einmal einen Hattrick vom Abseits unterscheiden können. Einen Baum zu pflanzen reicht. Denn jeder Baum wird genug Sauerstoff für zwei Menschen erzeugen.
Für den Rest ihres Lebens.

Wenn man zu zweit badet, nimmt der Wasserverbrauch ab und der Spaß zu. Aber wenn alles schrumplig ist, wird es Zeit, aus der Wanne zu steigen.

Illustration: Andy Holmes / Three Blind Mice

BADE MIT JEMANDEM, DEN DU LIEBST

AKTION 08

Nett zu schreiben. Nett zu lesen.
Na dann los.

AKTION 09

SCHREIB AN JEMANDEN, DER DICH INSPIRIERT HAT

Liebe/r

was ich dir schon immer sagen wollte ...

Nett zu schreiben. Nett zu lesen. Na dann los.

Aktion 09 aus dem Buch »Einfach die Welt verändern –
50 kleine Ideen mit großer Wirkung« erschienen im Piper Verlag

We Are What We Do will die Welt verändern und Spaß dabei haben. Wir glauben, dass jeder von uns etwas bewegen kann, und wenn genug Menschen daran glauben, dann können wir tatsächlich gemeinsam die Welt verändern.

we are what we do©

Foto: John Lamb / Getty Images

Weniger warm macht warm ums Herz

Wenn du dein Thermostat 1 Grad runterdrehst, sparst du 6 Prozent Heizenergie. Das sind im Schnitt 60 Euro pro Haushalt im Jahr.
Das sind 5 Euro im Monat. Nicht viel? Frag mal eine Hilfsorganisation. Die freut sich darüber.
(Siehe AKTION 16)

Illustration: Willie Ryan / illustrationweb.com

Sei gut zu Fuß.
Und gut zu dir selbst.

Übergewicht ist ein dickes Problem für die Industrieländer.

Ausnahmsweise haben Ärzte eine ganz einfache und günstige Lösung dafür. Zum Beispiel auf dem Weg zur Arbeit eine Haltestelle früher auszusteigen. Oder auf dem Weg zum nächsten Meeting die Treppe zu nehmen.

Kurz: Du solltest versuchen, so oft wie möglich zu Fuß zu gehen. Dein Körper sehnt sich danach.

Und selbst wenn es nur der Weg vom Dessertwägelchen zur Käsetheke und zurück ist ... es wäre immerhin ein Anfang.

Foto: Bryan Mullennix / Getty Images

Ein Fernseher auf Standby braucht immer noch viel Energie

Das rote Lämpchen bedeutet zum einen, dass du deinen Fernseher oder Videorekorder eine Sekunde schneller anschalten kannst. Zum anderen, dass er deswegen 24 Stunden am Tag Strom verbraucht, fast so viel, als wäre er an.

Das schadet deinem Geldbeutel und der Umwelt. Also schalte lieber ganz ab.

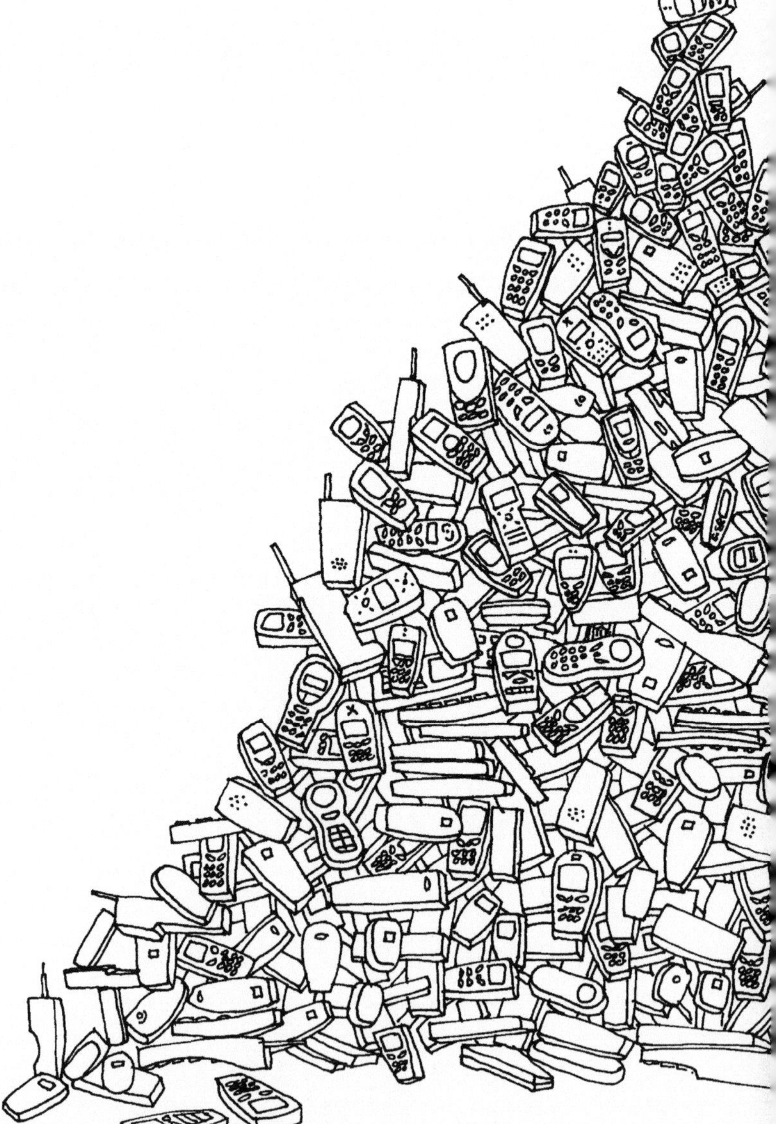

Illustration: Tim Ashton / Antidote

Jedes Jahr werden in Europa 100 Millionen Handys durch neue ersetzt.

Das sind eine ganze Menge nerviger Klingeltöne. Und 20000 Tonnen Elektroschrott. Das ist ungefähr das Gewicht der Queen Mary II. Und nichts davon wird auf dem Komposthaufen zu Torf.

So schön also die Vorstellung ist, das Handy des quasselnden Tischnachbarn im nächsten Mülleimer zu versenken – halt dich zurück. Schick alte Handys lieber an den Hersteller.

Oder bring sie beim nächsten Handy-Shop vorbei, der nimmt sie in der Regel zum Recyclen zurück.

Und einige besonders nette legen sogar noch eine Spende drauf.

Mehr Informationen zum Handy-Recycling unter: www.greenersolutions.com.

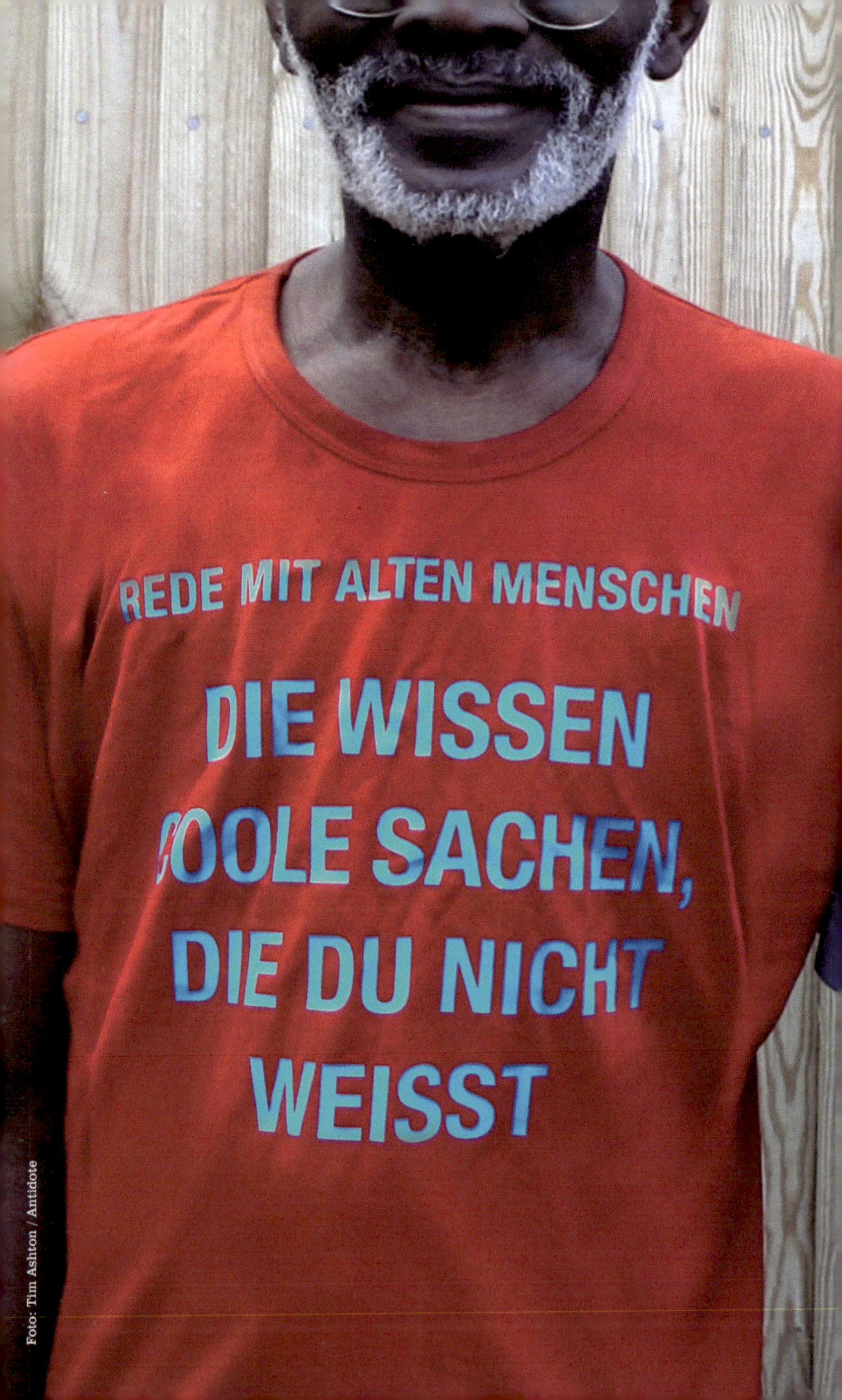

Foto: Tim Ashton / Antidote

REDE MIT JUNGEN MENSCHEN
DIE WISSEN COOLE SACHEN, DIE DU NICHT WEISST
VERBRINGE ZEIT MIT EINER ANDEREN GENERATION
AKTION 14

Foto: Anje Jager von Scholz & Friends Berlin

Auch nach deinem Tod kann dein Herz für jemanden schlagen. Deine Augen können einem Menschen neue Perspektiven schenken. Und sogar deine Leber kann weiterfeiern, wenn du nicht mehr bist.

Wenn du sicher sein willst, dass du nach deinem Tod Leben spendest, solltest du vor allem zwei Dinge tun.

Erstens: Teile deinen nächsten Verwandten diesen Wunsch schon jetzt mit. Sonst setzt du die Menschen, die um dich trauern, einem unglaublichen Entscheidungsdruck aus.

Zweitens: Besorge dir einen Organspende-Ausweis, in dem du vermerkst, ob du nach deinem Tod Organe spenden willst, und wenn ja, welche.

Organspende-Ausweise und Informationen bekommst du unter www.organspende-kampagne.de, www.sharelife.ch oder bei deinem Arzt.

Ein gutes Gefühl, sich von dieser Welt mit einem Geschenk zu verabschieden.

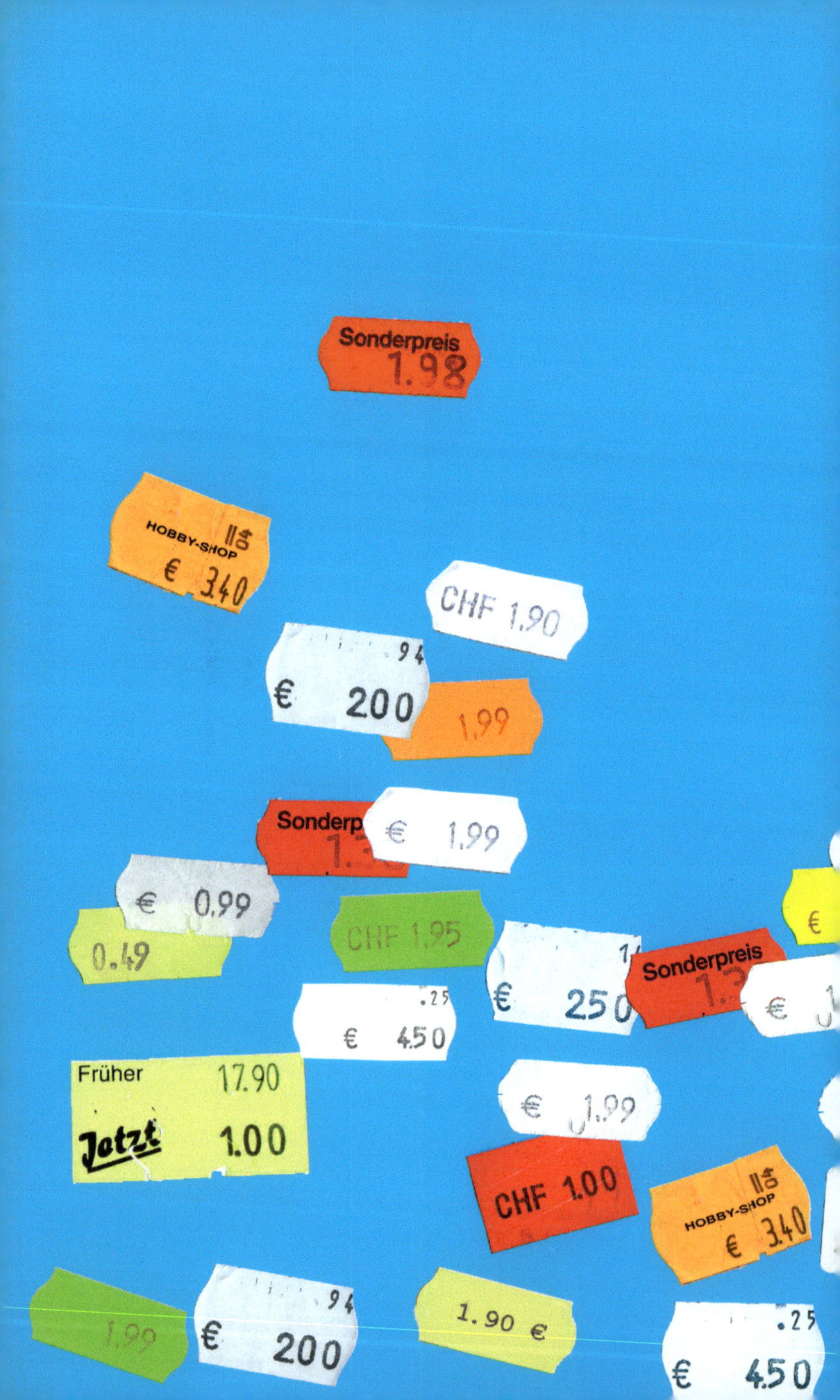
Sonderpreis
1.98
HOBBY-SHOP
€ 3.40
CHF 1.90
€ 200
1.99
Sonderp
€ 1.99
€ 0.99
0.49
CHF 1.95
.25
€ 450
€ 250
Sonderpreis
Früher 17.90
Jetzt 1.00
€ 1.99
CHF 1.00
HOBBY-SHOP
€ 3.40
€ 200
1.90 €
.25
€ 450

Deine Chance, Geld zu verlieren

Es gibt Kleingeld. Und es gibt leere Sammeldosen. Zusammen sind sie ein perfektes Team. Wie Stan & Ollie, Gin & Tonic oder Dieter Bohlen und … na ja … Dieter Bohlen und die BILD-Zeitung.

Wenn du das nächste Mal an der Kasse stehst, schau kurz nach rechts und links. Du entdeckst bestimmt einen guten Zweck. Eine Sammelbüchse, die dein Kleingeld gut gebrauchen könnte.

Wenn du damit Schule machst, ist die Welt ein gutes Stück besser dran. Spendet jeder nur einen Cent pro Woche, kommen im Jahr allein in Deutschland, Österreich und der Schweiz schon mehr als 50 Millionen Euro zusammen.

Ein kleiner Hinweis noch: Wenn die Bulldoge, die bewegungslos neben der Ladentheke liegt, keinen Schlitz im Kopf hat, dann versuch bitte nichts Unvernünftiges.

GIB DEIN KLEINGELD FÜR EINEN GUTEN ZWECK

AKTION 16

Foto: Getty Images

Häng deine Bilder um.

Übe Cocktails mixen.

Mach die Ablage.

Schreib ein Lied.

Schmink dich.

Schwimm in einem See.

Trag etwas aus Gold.

Sei wieder Kind.

Bleib die ganze Nacht auf.

Färb deine Haare.

Bieg nicht rechts, sondern links ab.

Lauf nackt durch den Regen.

Massier jemanden.

Wisch Staub.

Rasier irgendwas ab.

	Türkisch	Italienisch	Arabisch
Hallo	Merhaba	Buongiorno	Salaamu Alai-kum (Frieden sei mit Dir)
Tschüss	Görüşmek üzere	Arrivederci	Salaamu Alai-kum (Frieden sei mit Dir)
Bitte	Lütfen	Per favore	Min Fadluk
Danke	Teşekkür ederim	Grazie	Shukran
Kann ich helfen?	Yardım edebilir miyim?	Posso aiutare?	Ma yumkin an as 'ad?
Möchten Sie eine Tasse Kaffee?	Kahve içer misin?	Vorrebbe una tazza di caffé?	Sawfa anta/anti minal fanjan kahwa?

Polnisch	Chinesisch
Czesc	Ni hao
Do widzenia	Zai jian
Prosze	Ching
Dziekuje	Xie xie
Czy moge pomoc?	Wo neng bang ni ma?
Czy napijesz sie kawa?	Ni yao bu yao yi bei kafei?

Ma yumkin an as 'ad?

Ja, deine Hilfe ist willkommen.
Und ausnahmsweise reicht Reden aus.
Denn ein paar Worte genügen schon, um überall für freundliche Gesichter zu sorgen.

Das geht auch in deiner eigenen Stadt, das »Ciao Paolo« beherrschen wir ja inzwischen ganz gut. Aber wie wäre es mit einem »Salaam Alaikum« oder »Czesc«?

Es ist oft gar nicht schwer. So bedeutet zum Beispiel das arabische Wort für »Hallo« gleichzeitig auch »Auf Wiedersehen«.
Ein schöner Gedanke, dass jedes Ende schon wieder ein Anfang ist. Auch wenn es wahrscheinlich Telefongespräche ziemlich teuer macht.

„... und der Hund sagte ...“

Sei eine Lachnummer

Lern mindestens einen guten Witz. Denn Lachen trainiert die Bauchmuskeln und senkt den Blutdruck. Es ist gesund. Das ist wissenschaftlich erwiesen.

Beim Lachen steigt zum Beispiel die Konzentration von Immunoglobulin A im Speichel. Und das schützt unsere Atemwege vor Infektionen.

Ehrlich. Das ist kein Witz.

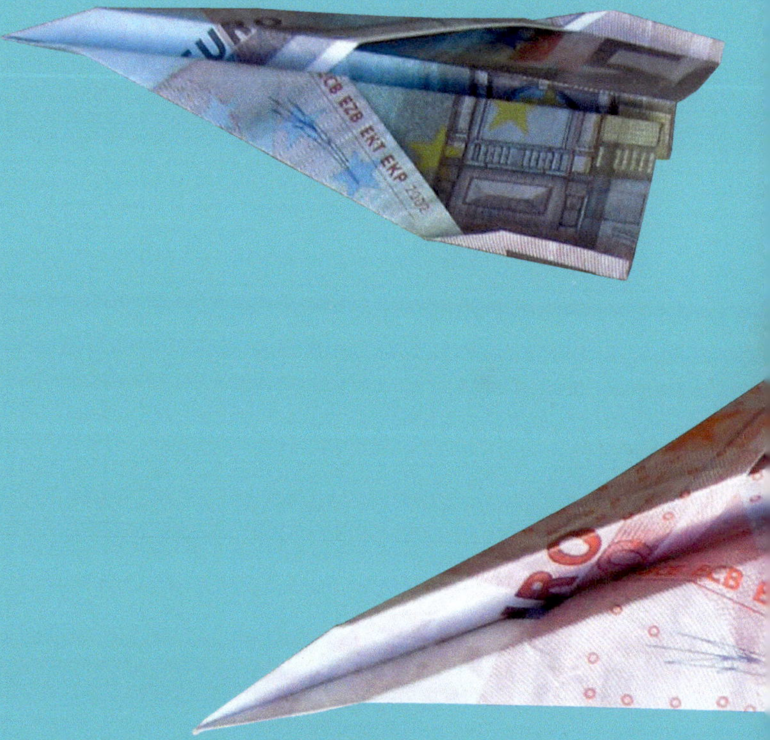

Hat deine Altersvorsorge die gleichen Werte wie du?

Wer nicht genau hinsieht, wo sein Geld investiert wird, hat gute Chancen, dass er Firmen mit Kapital versorgt, die mit Waffen handeln, die Umwelt verschmutzen oder die Menschenrechte missachten.

Es ist nervig genug, über die eigene Altersvorsorge nachzudenken. Darum mach es dir nicht zu schwer. Schreib einfach einen kurzen Brief oder eine E-Mail, zum Beispiel an deine Bank. Frage geradeheraus, ob sie sicherstellen können, dass dein Geld mit den Mitmenschen und dem Planeten verantwortungsvoll umgeht.

Foto: Anje Jager von SCHOLZ & FRIENDS Berlin

FINDE HERAUS, WIE DEIN GELD INVESTIERT WIRD — AKTION 20

Foto: Getty Images

MACH DAS LICHT AUS, WENN DU GEHST

AKTION 21

Mitten in der Nacht, und trotzdem brennt überall Licht in den Bürohochhäusern. Sitzen da wirklich Menschen, die jetzt noch arbeiten?

Oder ist hier eine durchgeknallte ästhetische Überzeugung am Werk? Lassen wir beim Nachhausegehen das Licht an, weil wir uns alle nichts Schöneres vorstellen können als ein helles Nichts, das in die Nacht hinausleuchtet?

Auch Pelztragen galt mal als schön.
Auch Elfenbein galt als schön.

Samuel Bratt vermachte 1960 seiner Frau, die ihn nie rauchen ließ, 330.000 Pfund unter der Bedingung, dass sie jeden Tag fünf Zigarren rauchte.

Sid Trickett schoss 1948 acht Tore auf dem Platz des Torrington Football Club. Sein letzter Wille war 1982, dass seine Asche im Torraum verstreut würde.

Der Zahnarzt Philip Grundy hinterließ 1974 seiner Zahnarzthelferin Amelia White 181.000 Pfund. Sie durfte dafür fünf Jahre weder mit Männern ausgehen, noch Make-up oder Schmuck tragen.

Eine Dame hinterließ 1990 dem St. George Hospital 100.000 Pfund für die Vergrößerung, Verbesserung und die Instandhaltung der Waschräume.

1977 hinterließ Ernest Digweed Jesus 26.000 Pfund. Auszuzahlen beim Beweis dessen Existenz.

Unter der Bedingung, den Totenschädel in Hamlet zu spielen, vermachte 1955 Juan Potomachi 30.000 Pfund an das Theater »Teatro Dramatico«.

David Davis hinterließ 1788 seiner Frau fünf Schilling, mit denen sie sich das letzte Mal auf seine Kosten betrinken sollte.

Hensley Nankivell bestand in seinem Testament 1987 darauf, dass jeder Verwandte, der einen Anspruch auf sein 400.000 Pfund teures Anwesen erheben wollte, zuerst einen Pilotenschein machen müsste.

Ein wohlhabender Anwalt aus Toronto, Charles Vance Millar, hinterließ sein Anwesen 1926 der Frau, die in den zehn Jahren nach seinem Tod die meisten Kinder zur Welt brachte.

Dein Wille geschieht

Der Papst hat eins. Campino von den Toten Hosen hat eins. Warum du noch nicht?

Du denkst dabei über alle Menschen nach, die du liebst. Und du kümmerst dich darum, dass die großen und kleinen Reichtümer, die du angehäuft hast, in den richtigen Händen landen.

Internetseiten mit Tipps findest du in AKTION 49.

Foto: Wibke Reckzeh / Melanie Fischbach von SCHOLZ & FRIENDS Berlin

Studien zeigen, dass Kinder, die gemeinsam mit ihren Eltern essen, deutlich besser mit Angst und Stress umgehen.

Einer von vielen guten Gründen für einen kleinen Familienklatsch bei Tellergeklapper. Natürlich sind Familien manchmal unangenehmer als ein Mückenstich am Knöchel. Andererseits: Man kann auch mit niemandem besser lachen.

Dieser Gedanke bleibt kleben

Jedes Jahr geben die Kommunen allein in Deutschland über 900 Millionen Euro aus, um Kaugummi von den Straßen zu kratzen. Würden sie es nicht tun, müssten wir uns bald durch einen knöcheltiefen Kaugummisumpf kämpfen, während wir fluchend nach verlorenen Schuhen suchen.

Tja, und was kann man mit 900 Millionen Euro machen?

Och, nicht viel.

5 Krankenhäuser bauen zum Beispiel.

Oder 20000 Lehrer einstellen.

Foto: Anja Dethloff von SCHOLZ & FRIENDS Berlin

Gute Ideen zu verschenken

Bücher sind wie gute Gespräche. Manche sind eine nette Begleitung auf einer langen Bahnfahrt. Andere reden uns gut zu, wenn wir durcheinander sind. Und einige zeigen uns die Welt, wie wir sie noch nie gesehen haben.

Und jetzt stell dir vor, du könntest die wunderbaren Ideen aus deinen Büchern weitergeben – an Menschen, die du nicht einmal kennst. In die nächste Straße oder quer über den Globus. Wie das geht? Recycle deine Bücher, aber nicht zu Klopapier. Verschenke sie lieber an deine Stadtbibliothek. Melde sie online bei einem Buchtauschring. Oder lass sie einfach auf einer Parkbank liegen.

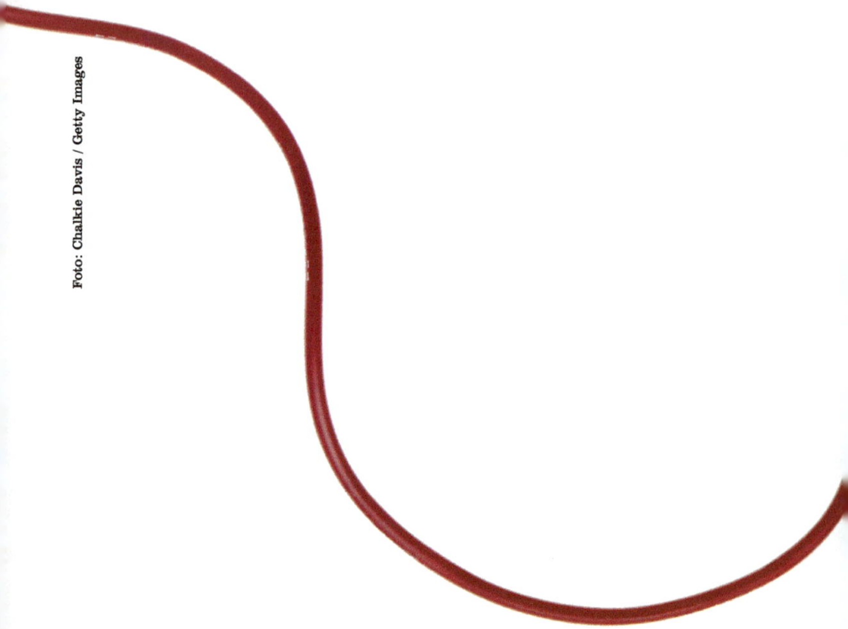

Foto: Chalkie Davis / Getty Images

www.drk.de/blutspendedienst

www.blut.at

www.blutspende.ch

SPENDE BLUT

AKTION 26

Illustration: Melanie Fischbach von SCHOLZ & FRIENDS Berlin

Lass jemanden sitzen.
Und steh dazu.

Es ist gar kein Problem, jemanden sitzen zu lassen. Die Leute sind dir meistens sogar dankbar dafür (ausgenommen vielleicht dein Exfreund oder deine Exfreundin).

Und stehen ist gar nicht mal schlecht. Man sieht mehr und sieht schlanker aus.
Und nicht zu vergessen – die uneingeschränkte Bewegungsfreiheit.

Gib deinen Sitzplatz jemandem, der nicht so gut auf den Beinen ist. Dafür gibt es ein Dankeschön und vielleicht ein interessantes Gespräch.

“Be the change you want to see in the world.”

»Sei die Veränderung, die du dir für diese Welt wünschst.«

Mahatma Gandhi

NUTZE DEN TAG

AKTION 28

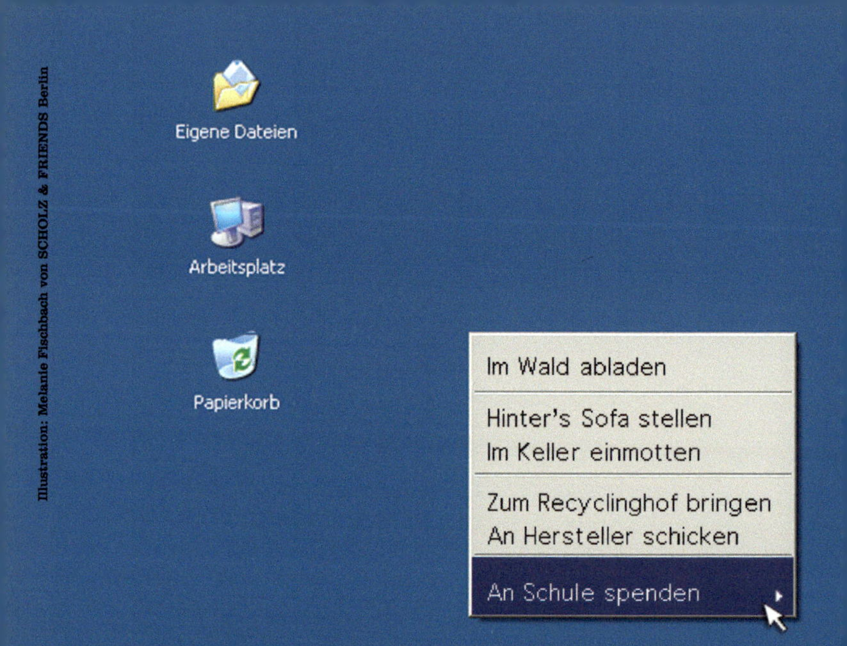

Illustration: Melanie Fischbach von SCHOLZ & FRIENDS Berlin

Was wir über Brillen in AKTION 42 sagen, gilt auch für Computer. Wir haben zu viele davon zu Hause. Aber wir nehmen sie seltener in der Handtasche mit, bis wir zufällig eine Sammelstelle finden.

Wenn du also einen Computer hast, den du nicht mehr brauchst, recycle ihn.

Frag beim Hersteller nach, ob dieser Computer und Zubehör zurücknimmt, bring das gute Stück zum nächstgelegenen Recyclinghof, oder spende ihn für einen guten Zweck, z.B. an eine Schule, die sich über ihn freut. So wird aus dem Schrott, mit dem du nicht mal mehr Solitaire spielst, ein wunderbares Geschenk.

RECYCLE DEINEN COMPUTER

AKTION 29

Foto: Nick Walker

Backe backe Kuchen

Mal wieder Geburtstag. Mal wieder Weihnachten. Mal wieder keine Ahnung, welches Geschenk du für deine Lieben oder einen guten Freund kaufen sollst?

Keins. Mach lieber eins.

Lebkuchen

125 g Zucker
125 g Margarine (oder Butter)
250 g Honig
500 g Mehl
1 Pck. Backpulver
1 Pck. Lebkuchengewürz
2 EL Kakaopulver
1 Ei

Zucker, Margarine und Honig zusammen erhitzen (nicht kochen!), bis der Zucker aufgelöst ist, abkühlen lassen. Restliche Zutaten vermischen und unter die Honigmasse rühren. Zu einer Kugel formen, in Klarsichtfolie wickeln und bis zur Weiterverarbeitung mind. eine Stunde im Kühlschrank ruhen lassen. Dann den Teig ausrollen, Plätzchen in der Form deiner Wahl ausstechen und auf eingefettetem Blech bei 180 °C ca 15-20 Minuten backen.

Sofort verschenken!

Illustration: Stuart Holmes / illustrationweb.com

Beim Zähneputzen die Welt retten

Die meisten Leute lassen das Wasser laufen, während sie ihre Zähne putzen. Dabei gehen bis zu neun Liter Wasser pro Minute den Bach runter. Eine Familie kommt so im Jahr auf mehr als 26 000 Liter.

Das bedeutet: Allein die Menschen in deiner Straße würden damit jedes Jahr ein 50-m-Schwimmbecken voll Wasser verschwenden. Gigantisch. Und ein bisschen doof dazu. Ungefähr so, als würde das Klo die ganze Zeit spülen, während man draufsitzt.

Also: Mund auf. Hahn zu.

(Wir wetten übrigens, dass du diese Aktion nicht mehr vergessen kannst. Den meisten, denen wir sie erzählt haben, fällt sie jeden Morgen wieder ein.)

DREH DEN WASSERHAHN ZU BEIM ZÄHNEPUTZEN

AKTION 31

Illustration: Anja Dethloff von SCHOLZ & FRIENDS Berlin

Wer gibt, bekommt doppelt zurück

Du kannst eine abgefahrene Fremdsprache oder besser schrauben als Tim Taylor? Dann bist du für eine Menge Leute der Superman. Du rettest sie zum Beispiel beim Beamtenkauderwelsch der Steuererklärung oder handwerklich beim Umzug.

Im Gegenzug machen sie dir vielleicht lecker Smørebrød oder heiraten dich irgendwann. Es macht einfach mehr Spaß, füreinander da zu sein.

Rede mit Fremden. Zum Beispiel mit denen von nebenan

Schreibe fünf von deinen Nachbarn deine Telefonnummer auf.

Einfach so.

Sie könnten dir helfen.

Du könntest ihnen helfen.
Oder neue Freunde finden.

Ich heiße: ______________________________

Ich bin Dein Nachbar

Meine Telefonnummer ist: ________________

Ruf an, wenn du Hilfe brauchst

Ich heiße: ______________________________

Ich bin Dein Nachbar

Meine Telefonnummer ist: ________________

Ruf an, wenn du Hilfe brauchst

Ich heiße: ______________________________

Ich bin Dein Nachbar

Meine Telefonnummer ist: ________________

Ruf an, wenn du Hilfe brauchst

Ich heiße: ______________________________

Ich bin Dein Nachbar

Meine Telefonnummer ist: ________________

Ruf an, wenn du Hilfe brauchst

Ich heiße: ______________________________

Ich bin Dein Nachbar

Meine Telefonnummer ist: ________________

Ruf an, wenn du Hilfe brauchst

GIB FÜNF NACHBARN DEINE NUMMER

we are what we do©

we are what we do©

we are what we do©

we are what we do©

we are what we do©

N tz Pa i
ei ei g.

Allein in Westeuropa verbraucht jeder von uns 210 kg Papier pro Jahr. Das entspricht in etwa der Papiermenge eines Harry-Potter-Bandes pro Tag.

Nicht weit her also mit dem papierlosen Computeralltag, den uns zahllose Memos noch vor wenigen Jahren versprochen haben.

Aber wir können die Papiermenge selbst halbieren, indem wir jedes Blatt Papier auf beiden Seiten nutzen. Wir müssen zum Beispiel nur die Taste äbeidseitig“ auf dem Kopierer drücken oder Fehlausdrucke als Notizzettel benutzen.

Lasst uns eine Kultur schaffen, in der sich Menschen irgendwie komisch fühlen, wenn sie weiße Seiten verschwenden.

n e p er

d bs it

www.scoutnet.de
www.bdph.de
www.zipfelauf.com
www.shakespeare-gesellschaft.de
www.bund.net
www.tolkiengesellschaft.de
www.anglerverband.com
www.vbl.org
www.minigolfsport.de
www.schachbund.de
www.probahn.de
www.wwf.at
www.babyclub.de
www.bahnhofsmission.de
www.kleingarten-bund.de
www.goethe-gesellschaft.org
www.greenpeace.de
www.humor.ch
www.abc-club.de
www.ifaw.de
www.alpenverein.at
www.vdch.de
www.hp-fc.de
www.amnesty.de
www.tandemclub.ch
www.papaliste.de
www.vl-fanclub.de
www.agenda-21.ch
www.jugendzentren.at
www.pierreseche.ch/a_presentation_de.php
www.forum-geburt.ch/vereine/luzern/l_luzern.htm
www.auslandsdienst.at
www.deutscherseniorenring.de
www.manta-forum.de
www.asvoe.at
www.nabu.de
www.derrick-fanclub.de
www.spackenfront.de
www.johanniter.de

www.

Den Vereinsmeier gibt's nicht mehr. Verrauchte Hinterzimmer und endlose Biergelage sind mit ihm gegangen. Wohin? Egal. Stattdessen findest du Menschen, die Überzeugungen haben. Und meist auch eine Homepage, auf der man sich unkompliziert anmelden kann. Very neues Millenium.

PS: Ein kurzer Moment der Trauer für die ehemals unverzichtbaren Ledersandalen mit weißen Socken. So viel Zeit muss sein.

WERDE IRGENDWO MITGLIED

AKTION 35

Foto: Melanie Fischbach von SCHOLZ & FRIENDS Berlin

Tu endlich was – setz dich hin

In diesem Moment sind Millionen Menschen in diesem Land so unglücklich, dass sie Medikamente dagegen nehmen.

Depression betrifft mehr Leute, als man denkt. Aber du kannst etwas tun, um diese Welt ein kleines bisschen weniger deprimierend zu machen.

Gut zuhören – zum Beispiel.

Wenn man es richtig machen will,
ist es gar nicht so leicht. Versuch's mal.
Hör mal jemandem zu, ohne zu kommentieren
und ohne Lösungen anzubieten.

Bloß zuhören.

Illustration: Andy Hammond / illustrationweb.com

Entspannung kommt besser an

Die Briten nennen es Road Rage. Wir haben zwar kein Wort für die blinde Wut, die manche im Verkehrschaos überkommt. Aber fahren wir deshalb gelassener?

Wie wär's denn damit: Schenke einmal am Tag einem anderen die Vorfahrt. Aber nur, wenn sein Auto weniger cool ist als deins.

Eine schöne Regel. Und eine praktische. Der Verkehr läuft flüssiger, und du fühlst dich gut dabei.

Und falls dich einmal ein verrrosteter prilblumenbeklebter Ford Taunus vorlassen sollte, reg dich nicht auf. Er meint es gut mit dir.

Nein, nach Ihnen!

Illustration: Melanie Fischbach von SCHOLZ & FRIENDS Berlin

Weniger Wasser kocht schneller

Es reicht völlig, immer nur so viel Wasser heiß zu machen, wie wir wirklich brauchen. Mit der gesparten Elektrizität könnte man die Straßenbeleuchtung des ganzen Landes betreiben.

Behauptet jedenfalls irgendeine Statistik.

Wer auch immer das ausgerechnet hat, verbringt mit Sicherheit zu viele Abende am Schreibtisch. Er sollte lieber mal einen Abendspaziergang machen. (Oder fehlt in seiner Straße der Strom für die Beleuchtung?)

Foto: Nick Walker / Oliver Davies

Wir haben
GESCHLOSSEN
Tut uns Leid. Wir hoffen, es ist nicht dringend. Tatsache ist, in letzter Zeit waren nicht gerade viele von Ihnen bei uns einkaufen. Wir glauben, es hat vielleicht was mit dem Supermarkt zu tun, der weiter draußen aufgemacht hat. Es hat uns hier eigentlich sehr gut gefallen, aber wir können uns den Laden nicht mehr leisten.
Auf Wiedersehen.

Lass doch mal einen Wasserfall singen ...

... oder Wind wärmend in Gesichter scheinen.

Geht nicht? Gibt's nicht? Quatsch, passiert doch schon jeden Abend, wenn in einer Wohnung Ökostrom durch die Lampen und die Stereoanlage läuft.

Einfach mit grünem Strom in Schallwellen baden. Da kann dein Gewissen günstig Urlaub machen.

Foto: Anja Dethloff / Melanie Fischbach von SCHOLZ & FRIENDS Berlin

HOL ÖKOSTROM INS HAUS

AKTION 40

Foto: Melanie Fischbach von SCHOLZ & FRIENDS Berlin

Ein Freund von mir
erinnert sich noch heute,
wie er seinen Vater sah,
der die Hand seines
Großvaters küsste,
als der im Koma lag.

Kurz bevor er starb.
Noch nie zuvor
hatte er gesehen, wie
sich die beiden küssten.

Es war das einzige Mal,
dass sie sich küssten.

Und die einzige Umarmung
mit seinem eigenen Vater?
Als seine Schwester starb.

Nicht, dass sie sich
nicht nahe standen.
Sie waren nur erwachsen,
waren Männer.
Erst der Tod konnte
diese Regeln brechen.

Aber Kinder wissen
nichts von Regeln.
Sie umarmen und
wollen umarmt werden.

Wenn es also einen Rat
gibt für alle, die dieses
Buch lesen, hier ist er:

Berühre jemanden,
den du lieb hast.

Umarme ihn.

Drücke sie.

Küsse ihn.

Es ist pure Magie.
Und sie gehört uns.
Tag für Tag.

Verleih deiner Brille Flügel

In Millionen Schubladen verstauben alte Brillen. Dabei gibt es 200 Millionen Menschen auf der Welt, die sich keine Brille leisten können.
Und Menschen, die schlecht sehen, haben es schwer: Erwachsene im Beruf, Kinder in der Schule.

200 Millionen Menschen. Gott sei Dank musst du nicht herausfinden, wem deine alte Brille genau passt. Das erledigen andere für dich. Dein Optiker zum Beispiel. Die meisten beteiligen sich an Sammelaktionen und leiten deine Brille an Hilfsprojekte weiter.

Illustration: Tim Ashton

RECYCLE DEINE BRILLE

AKTION 42

Lass Kinder die Großzügigkeit von Mutter Natur erleben. Pflanzt zusammen Tomaten im Garten oder Kresse auf der Fensterbank. Dann macht ein leckeres Sandwich damit.

Besser kann das Leben nicht schmecken.

Schritt 1: Samen einpflanzen

Schritt 2: Regelmäßig gießen

Illustration: Olivia Rayner / illustrationweb.com

Schritt 3: Beiden beim Wachsen zusehen

Foto: Wibke Reckzeh von SCHOLZ & FRIENDS Berlin

Unsere Autobahn soll schöner werden

Auf der Autobahn ist immer viel los – zum Beispiel ausgesetzte Hunde und herrenloser Müll. Natürlich auch Familien mit Verpflegungspaketen und kleinen Windelbomben. So richtig stinken die aber erst, wenn sie nicht in Papierkörben landen. Auch Zigarettenstummel werden ungehalten, wenn sie in ihren letzten Sekunden das Fliegen aus dem Fenster lernen müssen.

Dabei ist es einfach, keinen Mist zu machen, ob an der Autobahn oder anderswo: Müll in die Tonne, sodass er nicht traurig in der Natur umherirrt.

Foto: Sara Morris

Glück ist eine fair gehandelte Banane

Bei Fair-Trade-Produkten kannst du dir sicher sein, dass der Bauer nicht verhungert. Denn Fair steht vor allem für fair bezahlt. Und weil die meisten Fair-Trade-Projekte zusätzliche Auflagen haben, befinden sich meist weniger Düngemittel und Schadstoffe in den Produkten. So haben beide Grund zur Freude: Bananenpflanzer und Bananenesser.

Seit einiger Zeit gibt es eine Menge Fair-Trade-Produkte sogar im Supermarkt um die Ecke. Also halte doch beim nächsten Einkauf mal Ausschau nach glücklichen Bananen, Kaffeebohnen oder Schokoriegeln.

Foto: Spencer Jones / Shannon Fagan / Getty Images

FAHR 30, WO 30 STEHT

Wenn du jemanden mit 50 km/h anfährst, ist die Wahrscheinlichkeit, ihn zu töten, zehnmal so hoch wie bei 30 km/h.

AKTION 46

Dieses Buch gehört
DIESES BUCH GEHÖRT
Für:
Von:
Dieses Buch gehört

AKTION 47

VERSCHENK DIESES BUCH

O.K., das klingt egoistisch. Werbung für unser Buch.
In unserem eigenen Buch.

Aber hier geht's nicht um Geld. Sondern um Veränderung.

Und damit sich wirklich was tut, sollten so viele Menschen wie möglich mit diesen Aktionen was bewegen.

Deshalb meinen wir: Kauf noch ein Buch.

Und dann gib es jemandem, der es wirklich gut gebrauchen kann. Du weißt schon, wen wir meinen.

Was sollen 1 Million Menschen tun?

Ein Mann oder eine Frau reichen aus, um unser aller Leben zu verändern. Martin Luther King hat es bewiesen.

Schick uns deine Aktion, mit der 1 Million Menschen die Welt schöner, sicherer und glücklicher machen können. Und wir machen sie zu einem Teil der We-Are-What-We-Do-Bewegung.

hello@wearewhatwedo.org

Die 50 Aktionen in diesem Buch sind erst der Anfang. Entdecke mehr, tu mehr und lern etwas Neues auf den folgenden Internetseiten. We Are What We Do. Wir sind, was wir tun.

01 VERZICHTE AUF PLASTIKTÜTEN, SO OFT ES GEHT	www.umweltbundesamt.de	
02 LIES EINEM KIND EINE GESCHICHTE VOR	www.stiftung-lesen.de www.antolin.ch	www.erlebnis-lesen.de www.antolin.at
03 DREH EINE ENERGIESPARLAMPE REIN	www.initiative-energieeffizienz.de www.ecotopten.de	www.aktion-klimaschutz.de www.topten.at
04 LERN ERSTE HILFE	www.drk.de/erstehilfe www.malteser.at/erstehilfe	www.malteser-kurse.de www.samariter.ch
05 VERSCHENK EIN LÄCHELN	www.rednoseday.de www.rotenaseninternational.com	www.cliniclowns.at www.klinikclowns.de
06 FAHR BUS UND BAHN, WENN ES GEHT	www.aktion-klimaschutz.de www.topten.ch	www.ecotopten.de www.klimaaktiv.at
07 PFLANZ EINEN BAUM	www.futureforests.com www.bergwaldprojekt.de	www.co2ol.de www.fsc.org
08 BADE MIT JEMANDEM, DEN DU LIEBST	www.brigitte.de/liebe/beziehung www.loveletters4you.de	
09 SCHREIB AN JEMANDEN, DER DICH INSPIRIERT HAT	www.deutschepost.de	www.zeitzuleben.de
10 DREH DEINE HEIZUNG 1° RUNTER	www.aktion-klimaschutz.de www.energieverbraucher.de	www.topten.ch
11 BEWEG DICH	www.die-praevention.de www.allezhop.ch	www.naturfreunde.at
12 SCHALTE ELEKTROGERÄTE GANZ AUS	www.initiative-energieeffizienz.de www.topten.ch	www.aktion-klimaschutz.de www.energieverbraucher.de
13 RECYCLE DEIN MOBILTELEFON	www.greenersolutions.com	www.handy4smile.de
14 VERBRINGE ZEIT MIT EINER ANDEREN GENERATION	www.generationendialog.de www.generationennetzwerk.de	www.jungundalt.at www.intergeneration.ch
15 WERDE ORGANSPENDER	www.organspende-kampagne.de www.oebig.at	www.vso.de www.sharelife.ch
16 GIB DEIN KLEINGELD FÜR EINEN GUTEN ZWECK	www.beneclick.ch www.spenden.at	www.spenden.de
17 VERSUCH'S MAL OHNE FERNSEHEN	www.zeitzuleben.de/inhalte/pe/fernsehen/fernsehen_1.html	
18 SAG ETWAS NETTES IN EINER ANDEREN SPRACHE	www.dict.leo.org	www.blinde-kuh.de/sprachen
19 LERN EINEN GUTEN WITZ	www.witze.ch www.haha.at	www.witz-des-tages.de www.blinde-kuh.de/witze
20 FINDE HERAUS, WIE DEIN GELD INVESTIERT WIRD	www.oekom-research.com	www.versiko.de
21 MACH DAS LICHT AUS, WENN DU GEHST	www.energienetz.de	
22 MACH EIN TESTAMENT, DAS GUTES TUT	www.ratgeberrecht.de/fragen/rfindex.html www.ch.ch	www.help.gvt.at
23 ESST ÖFTER GEMEINSAM	www.eltern.de/gesund_schoen www.forum-essen.at	www.fke-do.de
24 WIRF DEN KAUGUMMI IN DIE TONNE	www.littering.ch	

25	RECYCLE DEINE BÜCHER	www.bookcrossing.com www.buecherpiraten.de	www.oxfam.de
26	SPENDE BLUT	www.drk.de/blutspendedienst www.blut.at	www.blutspende.ch
27	BIETE DEINEN PLATZ AN	www.generationendialog.de	
28	NUTZE DEN TAG	www.zitate.net www.de.wikipedia.org/wiki/Mahatma_Gandhi	
29	RECYCLE DEINEN COMPUTER	www.reuse-computer.de www.worldcomputerexchange.org	
30	BACKE FÜR FREUNDE	www.chefkoch.de www.janko.at/Rezepte	www.kochbu.ch
31	DREH DEN WASSERHAHN ZU BEIM ZÄHNEPUTZEN	www.wwf.de/eventticker/event_02034.html www.brita.net/de/saving_water.html www.umweltkasper.de/tipps.htm	
32	TAUSCHT, WAS IHR GUT KÖNNT	www.tauschkreise.at www.tauschnetz.ch	www.tauschring.de
33	GIB FÜNF NACHBARN DEINE NUMMER	www.cubble.de www.domicilwohnen.ch	www.hilfswerk.at
34	NUTZE PAPIER BEIDSEITIG	www.initiative-papier.de www.treffpunkt-recyclingpapier.de	
35	WERDE IRGENDWO MITGLIED	www.wearewhatwedo.org	
36	NIMM DIR ZEIT FÜR'S ZUHÖREN	www.stiftung-zuhoeren.de	www.depression.ch
37	VERSCHENK DIE VORFAHRT	www.wdr.de/tv/service/verkehr	
38	FÜLL DEINEN WASSERKOCHER NUR SPARSAM	www.aktion-klimaschutz.de	
39	KAUF DA EIN, WO DU WOHNST	www.flohmarkt.de www.einfach-natuerlich.de/einkaufen.php	
40	HOL ÖKOSTROM INS HAUS	www.topten.ch www.atomstromfreies-internet.de	www.ecotopten.de www.verbraucher.org
41	UMARME JEMANDEN	www.maennerseiten.de/knuddeln.htm	
42	RECYCLE DEINE BRILLE	www.sodi.de/recycle.php	www.arbc.de/africa
43	LASS ETWAS WACHSEN	www.geo.de/GEOlino/tiere_pflanzen	
44	MACH KEINEN MIST	www.littering.ch www.aktionsauberelandschaft.de	www.littering.de
45	KAUF FAIR TRADE PRODUKTE	www.fair-feels-good.de www.fairtrade.at	www.oeko-fair.de www.maxhavelaar.ch
46	FAHR 30, WO 30 STEHT	www.dvr.de www.kfv.at	www.bfu.ch www.mobilekids.de
47	VERSCHENK DIESES BUCH	www.wearewhatwedo.org	
48	SCHICK UNS EINE AKTION	www.wearewhatwedo.org	
49	TU MEHR, LERN ETWAS NEUES	www.wearewhatwedo.org	
50	WAS GEBEN UND NICHTS DAFÜR NEHMEN	www.freiwillig.de www.benevol.ch	www.ehrenamt.de www.freiwilligenweb.at

We Are What We Do erhält keine finanziellen Zuwendungen von diesen Internetseiten und übernimmt keine Verantwortung für die Inhalte dieser Seiten.

Viele Menschen haben zur Entstehung dieses Buches und zum Wachsen der Bewegung We Are What We Do beigetragen. Wir bedanken uns insbesondere bei den folgenden Personen und Organisationen:

We Are What We Do:

Anne Shewring
Becca Leed
David Robinson
Eliza Anderson
Eugénie Harvey
Fiona Wollensack
Kenn Jordan
Linda Woolston
Michael Enright
Nick Walker
Paul Edney
Patricia Taterra
Roger Grenada
Sandra Deeble
Sara Smith-Laing
Stanley Harris
Steve Wish
Tanis Taylor

In Großbritannien:

Allen & Overy LLP
Antidote
ArthurSteenAdamson
Brunswick Group
Business in the Community
Design-X
Getty Images
Good Business
Illustration Ltd
Innocence
Interbrand
Konditor & Cook
Lyndales Solicitors
Morgan Stanley
One Aldwych
Red Bee Media
Royal Mail
Short Books
Standard Chartered Bank
The Book Service
Wieden + Kennedy

Alun Cruckford
Andrew Selby
Andy Hammond
Andy Helme
Andy Holmes
Angus Fowler
Ashley Koo
Byan Mullenix
Bryn Attewell
Carolyn Francis
Chalkie Davis
Chris Walker
David Day
Gerhard Jenne
Gray Jolliffe
Graham Pugh
Hailey Phillips
John Lamb
Judy Lambert
Kevin Anthony Horgan
Mark George
Mark Robinson
Marksteen Adamson
Martin Crockatt
Michael Johnston
Mick Bailey
Mike Reid
Nathalie Gelderman
Neil Christie
Nicholla Longley
Nuala Donnelly
Oliver Davies
Paul Daviz
Paul Schultzer
Poppy Ashton
Rebecca Nicolson
Richard Hoban
Robert Ramsey
Sarah Walker
Shannon Fagan
Sholto Walker
Sophie Hayes
Spencer Jones
Stephen Timms
Stuart Simmons
Tim Ashton
Tondy Davidson
Willie Ryan
Zoë Whishaw

Die englische Originalausgabe »Change the World for a Fiver« wurde großzügig unterstützt durch den Joffe Charitable Trust.

In Deutschland:

All den wundervollen Menschen des Pendo Verlags für die Unterstützung bei der Zusammenstellung, dem Vertrieb und der Vermarktung dieses Buches.

SCHOLZ & FRIENDS Berlin für ihre kreative Leistung, Inspiration und Geduld bei der Umwandlung des englischen Buches in sein deutsches Gegenstück.

Nicki Kennedy von der Intercontinental Literary Agency für ihre Unterstützung bei den ersten entscheidenden Schritten in Deutschland.

FH Mainz
Gepa
GoodBrand&Co
Miami Ad Shool

Alexander Nick
Andrej Löbel
Anja Dethloff
Anje Jager
Barbara Stengl
Birgit Danielmeyer
Carolin Kräntzer
Caroline Schiller
Chris Wigan
Christian Conrad
Christian Graef
Christian Strasser
Claus-Martin
Carlsberg
Constanze Neumann
Dörthe Binkert
Fabian Brandt
Frauke Godat
Helena Bommersheim
Heike Braun
Janik Reitel
Johanna Stengel
Jutta Willand-Sellner
Katrin Eckert
Kirsten Schmidt
Larissa Mischke
Lena Kempmann
Mario Gamper
Márton Svékus
Melanie Fischbach
Michael Winterhagen
Niki Bowers
Nina Neelsen
Norbert Richter
Oliver Davies
Susanne Reeh
Thilo Zelt
Thomas Ramge
Tim Ashton
Tom Zeller
Ulrike Gallwitz
Volker Neumann
Wibke Reckzeh
Wing Huo

In Australien:

We Are What We Do hat für die australische Ausgabe »Change the World for Ten Bucks« mit Pilotlight Australia zusammengearbeitet. Dieses Buch wäre ohne das Zutun der folgenden Organisationen sowie deren Freunden und Unterstützern nicht möglich gewesen:

Hardie Grant Publishing
Whybin\TBWA
Freehills
Deloitte
Pacific Brands
Pilotlight Australia
Ricci Swart Multimedia
Macmillan Distribution Services

Danke!

we are what we do